BEI GRIN MACHT SICH IHR WISSEN BEZAHLT

- Wir veröffentlichen Ihre Hausarbeit,
  Bachelor- und Masterarbeit

- Ihr eigenes eBook und Buch -
  weltweit in allen wichtigen Shops

- Verdienen Sie an jedem Verkauf

Jetzt bei www.GRIN.com hochladen
und kostenlos publizieren

Tina Schnelle

Wenn Kinder Abschied nehmen müssen

GRIN Verlag

Bibliografische Information der Deutschen Nationalbibliothek:

Die Deutsche Bibliothek verzeichnet diese Publikation in der Deutschen National-
bibliografie; detaillierte bibliografische Daten sind im Internet über http://dnb.d-
nb.de/ abrufbar.

Impressum:

Copyright © 2010 GRIN Verlag, Open Publishing GmbH
Druck und Bindung: Books on Demand GmbH, Norderstedt Germany
ISBN: 978-3-640-90388-7

Dieses Buch bei GRIN:

http://www.grin.com/de/e-book/171018/wenn-kinder-abschied-nehmen-muessen

GRIN - Your knowledge has value

Der GRIN Verlag publiziert seit 1998 wissenschaftliche Arbeiten von Studenten, Hochschullehrern und anderen Akademikern als eBook und gedrucktes Buch. Die Verlagswebsite www.grin.com ist die ideale Plattform zur Veröffentlichung von Hausarbeiten, Abschlussarbeiten, wissenschaftlichen Aufsätzen, Dissertationen und Fachbüchern.

Besuchen Sie uns im Internet:

http://www.grin.com/

http://www.facebook.com/grincom

http://www.twitter.com/grin_com

Facharbeit Ethik

Wenn Kinder Abschied nehmen müssen

Wenn Kinder trauern

Von Tina Schnelle Erz09

Inhaltsangabe

Warum habe ich dieses Thema gewählt...

In den nachfolgenden Zeilen möchte ich mich mit dem Thema Tod und Trauer auseinandersetzen. Ich habe dieses Thema gewählt, weil ich als Kind auch geliebte Menschen verloren habe. Meine Eltern und meine gesamte Familie haben versucht mir meine Fragen zu beantworten und haben mir bei meiner Trauer beigestanden. Ein weiterer Grund war der Tod der Hündin meines Freundes. Seine Neffen haben uns gefragt, was passiert ist, warum sie nicht mehr da ist und was jetzt mit ihr passiert. In den ersten Tagen fiel es uns schwer darüber allgemein zu reden oder den Kindern Antworten auf ihre Fragen zu geben.

Ich möchte mich jetzt mit diesem Thema auseinandersetzen um Kindern auch auf solche Fragen Antworten geben zu können. Denn gerade im Alltag einer Erzieherin kann es immer wieder zu solchen Situationen kommen, dass Kinder geliebte Menschen oder Tiere verlieren und Trauern. Ich möchte den Kindern dann helfen können und nicht hilflos sein.

Ich werde in den nachfolgenden Zeilen auf das Thema Tod und Trauerbewältigung bei Kindern näher eingehen.

Im Anhang stelle ich ausgewählte Bücher vor, die sich mit dem Thema Tod auseinandersetzen und dies kindgerecht erklären.

Tod und Trauer bei Kindern

Alles Leben beginnt mit der Geburt und endet mit dem Tod, es ist ein ständiges kommen und gehen. Wenn wir jemanden verlieren, der uns am Herzen liegt, trauern wir. Ob jung oder alt, jeder Mensch trauert. Die einen weinen eine Zeit lang, die anderen weinen die Anfangszeit gar nicht und später bricht es aus ihnen heraus. Jeder Mensch trauert auf seine ganz eigene Art und Weiße. Kinder können um einen geliebten Menschen trauern aber auch um ein Haustier. Hat ein Kind z.b. einem Hund, eine Katze oder ein anderes Haustier, kann dies auch schlimm für das Kind sein, wenn dieses stirbt. Doch egal ob ein Mensch stirbt oder ein Tier, es kommen Fragen auf, warum, weshalb usw. Als Eltern, Großeltern oder andere Angehörige kann man nur versuchen diese Fragen so gut wie möglich zu beantworten und dem Kind bei seiner Trauer beistehen. Doch was ist Trauer eigentlich? Trauer ist ein betrübendes Ereignis, welches durch den Verlust von geliebten Menschen oder Tieren zustande kommt. [1] Es gibt verschieden Arten um der Trauer Ausdruck zu verleihen. Zum einen kann es zum Mangel an Lebensfreude kommen, Niedergeschlagenheit oder gar dem seelischen Rückzug. Auch die besondere Art der Kleidung gehört mit dazu. Die Kleidung soll den Schmerz zum Ausdruck bringen. Hierzu wird zu Beerdigungen Schwarz getragen. Gerade zum Thema Beerdigung stellt sich die Frage, sollten Kinder daran teilnehmen oder nicht?

Ich bin der Meinung, Kinder sollten an der Beerdigung teilnehmen können. Dies sollte jedoch nur gemacht werden, wenn es das Kind auch wirklich will, aus freien Stücken. Die Kinder haben so die Möglichkeit, dem Verstorbenen „Lebe wohl" zu sagen und ihm auf seinem letzten Weg zu begleiten. Jedoch sollte bei der Beerdigung immer eine enge Bezugsperson bei dem Kind sein, egal ob Eltern, Großeltern, Tanten, Onkel oder andere. Das Kind wird Fragen haben, die beantwortet werden müssten. Das Kind wird bestimmte Dinge nicht verstehen, die erklärt werden müssten. Hier soll die Bezugsperson so gut wie möglich für das Kind da sein und auf das Kind eingehen. Wichtig ist auch, dass das Kind auf die Beerdigung vorbereitet wird, dem Kind sollte erzählt werden, wie eine Beerdigung abläuft, sodass es Bescheid weiß. Wenn das Kind vor der Beerdigung für den

---

[1] Vgl. http://de.wikipedia.org/wiki/Trauer (06.11.2011)

Verstorbene etwas gemacht hat, ein Bild gemalt, etwas gebastelt hat oder sonstiges, kann es dies mit zur Beerdigung nehmen und dem Verstorbenen mit auf seine Reise geben. Dies hilft den Kindern sehr, ich habe es selber gemacht und es war ein gutes Gefühl gewesen. Man hat das Gefühl demjenigen etwas von sich mit zu geben und ihm etwas zu geben, worüber er sich gefreut hätte. Auch nach der Beerdigung sollte jemand für das Kind da sein, weil sich dann auch noch Fragen ergeben. Desweiteren sollte das Kind die Möglichkeit haben über seine Gefühle reden zu können.

Manche Kinder haben auch den Wunsch, den Verstorbenen noch einmal zu sehen. Auf diesen Wunsch sollte eingegangen werden. Das Kind sollte dies aber auch aus freien Stücken wollen. Manchen Kindern hilft es, das sie mit dem Tod des geliebten Menschen abschließen können. Der Tode sieht meist aus, als würde er schlafen, als würde es ihm gut gehen. Dies gibt den Kindern das Gefühl, dass der Verstorbene nicht leidet. Hier sollte darauf geachtet werden, dass dies für die Kinder nicht zu einem Trauma führt. Auch hier sollte eine enge Bezugsperson die ganze Zeit dabei sein. Später sollte auch darüber mit dem Kind geredet werden, damit das Kind damit abschließen kann und alles versteht. Aber auch nach der Beerdigung, der sogenannte Leichenschmaus, wird für die Kinder ein schwerer Schritt sein. Ich kann hier aus eigenen Erfahrungen berichten, dass dies sehr merkwürdig ist. Auf der Beerdigung stehen alle da und weinen und beim Leichenschmaus sind alle wieder wie immer und lachen sogar. Dies war für mich damals unbegreiflich gewesen. Man sollte dem Kind vorher erklären, wie dieser Leichenschmaus abläuft. Gerade hier ist es wichtig den Kindern zu sagen, das alle ihr Leben weiter leben, und das der Verstorbene immer in ihrem Herzen ist und dort weiter lebt. Ich denke dann verstehen die Kinder die „normale" Stimmung beim Leichenschmaus besser und können vor allem auch besser damit umgehen.

Ich bin gerade auf die Beerdigung eines Menschen eingegangen aber es gibt auch noch das Abschied nehmen von einem Haustier. Auch der Tod eines Haustieres kann für ein Kind schlimm sein. Ich bin der Meinung, wenn ein Haustier stirbt, dann sollte auch dieses Beerdigt werden. Dies kann im kleinen Rahmen erfolgen. Aber das hilft dem Kind von dem Tier Abschied zunehmen. Auch hier kann das Kind das Lieblingsspielzeug des Tieres nehmen und dieses mit in das Grab des Tieres legen. Sollte jedoch ein Tier eingeschläfert werden müssen, sollte man sich genau überlegen, ob man das Kind mitnimmt oder nicht. Dies sollte jeder für sich selbst entscheiden, weil das Kind bei einer Einschläferung miterlebt, wie ein Lebewesen stirbt. Dies kann für ein Kind zu einem Trauma führen.

Zum Schluss kann ich zu dem Thema Beerdigung nur sagen, das immer daran gedacht werden soll, wie alt das Kind ist.

Ob ein Kind an einer Beerdigung teilnimmt oder nicht, eine enge Bezugsperson ist für das Kind sehr wichtig. Kinder trauern genau wie wir Erwachsenen, mit dem Unterschied, dass wir es eher verstehen als Kinder was passiert ist und das wir denjenigen nicht wieder sehen werden. Kinder im Alter von neun Monaten bis einem Jahr, sehen Weg sein und Tod als das gleiche an. Die Kinder erkennen nicht den Tod an, aber die Abwesenheit eines Menschen. Der Verlust wird durch traurige Gefühle und Stimmung verdeutlicht. Bei Kindern im Alter von einem bis drei Jahren ist es so, dass sie den Tod nicht verstehen. Sie denken, dass es wie im Rollenspiel ist, jetzt bist du Tod und dann bist du wieder lebendig. Im Alter von vier Jahren, kann das Kind sich etwas unter dem Begriff Tod vorstellen. Jedoch fehlt ihm die Vorstellungkraft, dass jeder einmal sterben muss, auch es selbst. Die Kinder reden über den Tod und spielen dies (Kriege, Kämpfe...) aber die Empfindungen fehlen noch vollkommen. Kinder im Alter von drei bis fünf Jahren gehen davon aus, das alte Menschen sterben müssen aber junge nicht. Der Tod wird auch als eine Art Schlaf oder Reise gesehen. Die Kinder erleben, dass Menschen sterben aber nur, durch äußere Gewaltanwendungen. Alles was sich im inneren den Menschen abspielt, wird nicht erlebt und sehen die Kinder nicht. Kinder im Alter von sechs bis acht Jahren haben erste Vorstellungen vom Tod. Der eigene Tod wird verdrängt aber Kinder wissen, dass andere Menschen sterben können. Hier kommt zum ersten Mal die Angst, dass geliebte Menschen sterben können oder sterben müssen auf. Das Kind beschäftigt sich mit dem Tod, es tauchen auch erste Gefühlsreaktionen auf. Kinder ab neun Jahre verstehen den Tod als logische und auch biologische Tatsachen (kein Puls, keine Reaktion, keine Atmung bedeutet Tod). Das Interesse am Tod und allem was dazu gehört, nimmt zu. Die Kinder verstehen, dass sie selber älter werden und irgendwann einmal sterben müssen. Die Kinder sehen den Tod als Strafe, als Strafe für alles Schlechtes an. [2] Auch wenn die Kinder mit dem Tod an sich noch nicht viel anfangen können, sehen sie die Eltern, Großeltern oder andere Verwandte, wie diese um einen geliebten Menschen trauern. Und das finde ich auch wichtig, dass

---

[2] Vgl. http://www.lacrima-muenchen.de/service-wissen/hintergrundwissen/todeskonzepte-bei-kindern.html (04.11.2011)

die Angehörigen auch vor Kindern trauern. Die Kinder sehen dadurch, dass es normal ist, in so einer Situation zu weinen. Die Kinder merken, dass es nicht nur ihnen so geht sondern auch anderen. Jeder Mensch trauert und dies wird den Kindern somit gezeigt. Trauer und Abschied nehmen gehört zum Leben mit dazu. Trauer hat auch verschiedene Gesichter, jeder trauert anders, jeder auf seine Art und Weise. Durch die Trauer haben Menschen die Möglichkeit Abschied zunehmen. Die Trauer spielt sich im alltäglichen Leben des Menschen ab. Sie umfasst alle Bereiche des täglichen Lebens, die Arbeit, das Private und viele mehr.

Doch welche Phasen der Trauer durchläuft ein Mensch eigentlich? Aus eigener Erfahrung kann ich sagen, dass der Mensch 3 Phasen der Trauer durchläuft. Die erste Phase ist der Schockzustand, in dem sich der Betroffene befindet, er will es nicht wahr haben, das der geliebte Mensch oder das geliebte Tier nicht mehr ist. Danach kommt ein Zustand, der zum Teil noch viel Schlimmer ist, es treten Fragen auf, „Warum ist das passiert?", „Warum gerade er?", „Wie konnte es nur so weit kommen?", „Was war der Grund?", „Habe ich was damit zu tun?" bzw. „Habe ich Schuld daran?", und viele andere. Hier ist es auch so, dass man mit Schlaflosigkeit, Appetitslosigkeit, Gewichtsverlust, Schuldgefühlen und auch Schwächesymptomen zu kämpfen hat. In der dritten Phase beginnen es dann, dass die sogenannten Wunden anfangen zu heilen. Doch bis alle Wunden verheilt sind, braucht es Zeit. Und diese Zeit sollte sich jeder einzelne nehmen. Um Kindern gerade in dieser schweren Zeit zu helfen, brauchen sie Liebe, Zuwendung und Geborgenheit. Für die Kinder ist es wichtig, dass sie jemanden haben, der immer für sie da ist, mit dem sie reden können und zu dem sie Vertrauen haben. Desweiteren ist es wichtig, mit den Kindern etwas zu machen, was sie gerne machen, ein schönes Spiel spielen oder singen oder andere Aktivitäten, die das Kind gerne macht. Gerade bei Kindern die in die Kindertagesstätte gehen oder noch in die Schule gehen, sollten die Erzieher, Hortner und Lehrer über den Verlust informiert werden, damit auch diese dem Kind bei der Bewältigung des Verlustes helfen können.

Auch Religionen haben ihre ganz eigene Einstellung zum Tod und zum Leben. Ich möchte auch auf die Religionen eingehen, weil diese wichtige sind. Viele Kinder gehören einer Religion an. Man sollte wissen, wie die verschiedenen Religionen zum Thema Tod stehen um somit auch auf die Kinder eingehen zu können.

Hierzu trenne ich die Weltreligionen in östlichen und westlichen Ursprung ein. Als erstes gehe ich auf den östlichen Ursprung ein, hierzu zählen des Buddhismus, der

Hinduismus und der Universismus. Danach gehe ich auf die westlichen Religionen ein, hierzu gehören das Judentum, das Christentum und der Islam.

Für die Menschen die an den Hinduismus glauben spielt das „Karma" eine große Rolle. Sie glauben, wer in diesem Leben Gutes getan hat, dem geht es im folgenden Leben auch gut. Das bedeutet, wer moralisch bedeutsame Handlungen ausgeführt hat, der bestimmt sein Schicksal. Wer Schlechtes getan hat in seinem Leben, dem wird es im folgenden Leben auch schlecht gehen. Beim Hinduismus wird auch gesagt, dass alle Lebewesen schon seit Ewigkeiten bestehende Seelen haben. Nur die Hülle wechselt. Wenn ein Kind welches an den Hinduismus glaubt einen geliebten Menschen verliert, dann glaubt das Kind, das dieser Mensch wiedergeboren wird. Jedoch nicht als Mensch sondern als etwas anderes, z.b. einen Hund, eine Katze oder ähnliches. Die Kinder können so mit dem Thema Tod besser umgehen, weil sie davon ausgehen, dass sie den Verstorbenen in irgendeiner Form wieder sehen werden.

Beim Buddhismus geht man auch von der Wiedergeburt aus. Doch hier kann man der Wiedergeburt entkommen, man kann in das „Nirwana" ausbrechen. Dies ist ein Zustand vollendeter Seelenruhe, hier ist man von der Seelenwanderung befreit. Ein Kind welches dem Glauben des Buddhismus angehört, weiß, dass der geliebte Mensch auch wieder geboren wird. Wird er dies jedoch nicht mehr, befindet er sich im Nirwana und ihm geht es gut.

Beim Universismus wird davon ausgegangen, dass der Verstorbene weiter an dem Schicksal seiner Familie teilnimmt. Er hat auch die Möglichkeit das Schicksal in Form eines Schutzgeistes zu beeinflussen. Den Verstorbenen werden hier Opfergaben gemacht und es wird zu ihnen gebetet. Ein Kind, welches an den Universismus glaubt (Chinesische Herkunft), trauert weniger um den Verstorbene weil es weiß, er beschützt sie und ist somit immer in der Nähe. Sie beten auch um den verstorbene alles zu erzählen.

Beim Judentum, beim Christentum und beim Islam glauben die Menschen daran, dass der Tode ewig lebt. [3]

Vielen Kindern hilft ihr Glaube, ihre Religion um den Tod eines Menschen besser verarbeiten zu können. In den Religionen geht es dennoch nur um das „Leben nach dem Tod" doch wie erkläre ich einem Kind, das ein Mensch nicht mehr lebt? Ich glaube auf diese Frage gibt es nie DIE richtige Antwort. Jeder muss es selber

---

[3] Vgl. http://www.leben-tod.de/leben_nach_dem_tod.html (06.01.2011)

entscheiden, wie er es seinem Kind erklärt. Es ist schwer einem Kind so etwas zu erklären. Man will dem Kind keine Angst machen. Hier ist es wichtig, das Alter des Kindes zu beachten. Ich kann einem Kind, welches mit dem Tod noch nichts anfangen kann, nicht erzählen, das ein Mensch oder das Haustier verstorben ist. Hier sollte man zu kleinen Tricks greifen. Man kann dem Kind erzählen, dass der Mensch oder das Haustier gerade zu Freunden gegangen ist, um dort zu feiern oder das er oder es Ferien macht und in den Urlaub gefahren ist und man nicht genau weiß, wann er oder es wieder kommt. Somit gewinnt man Zeit, um dem Kind zu erklären, dass der Mensch oder das Haustier nicht mehr wieder kommen wird, weil es sehr krank ist. Die meisten Kinder verstehen dies und fragen dann nicht mehr so oft nach. Sollte ein Kind jedoch schon älter sein und den Tod verstehen, kann man dem Kind sagen, dass das Tier oder der Mensch sehr krank gewesen ist. Man sollte dem Kind aber auch sagen, dass derjenige nicht mehr da ist, er ist jetzt an einem Ort, wo es ihm gut geht, er keine Schmerzen mehr hat. Was jedoch auch viele Eltern oder Verwandte ihren Kindern erzählen ist, z.B. der Opa ist nicht hier bei uns aber wenn es Nacht ist, siehst du den Opa, er ist jetzt ein Stern, er schaut immer auf dich herab und beschützt dich. Oder z.B. die Oma sitzt auf einer Wolke und schaut jetzt auf dich herab. Ich kann mich nicht mehr erinnern, wie meine Familie mir den Tod erklärt hat. Aber dies sind Versionen, die Kinder verschiedenen Alters mir in meinen Praktika erzählt haben. Es gibt aber auch viele Bücher, die sich kindgerecht mit dem Thema Tod auseinander setzen, ich habe ein paar ausgewählt und stelle euch diese im Anhang vor.

Der Tod kommt in manchen Fällen überraschend aber nicht immer. Manchmal weiß man auch schön längere Zeit vorher, dass ein geliebter Mensch oder Tier sterben wird, weil diese schwer krank sind. Dem Kind sollte auch so eine Information nicht verheimlicht werden. Ihm sollte erzählt werden, dass der geliebte Mensch oder das Tier sterben wird. So hat das Kind die Gelegenheit mit dem Menschen oder dem Tier noch ein bisschen Zeit zu verbringen, bevor dieser nicht mehr ist. Ich finde jedes Kind hat ein Recht darauf die Wahrheit zu erfahren. Dies sollte jedoch auch vorsichtig, alters- und kindgerecht erklärt werden.

Abschließend möchte ich sagen, dass das Thema Abschied nehmen immer ein schwieriges Thema ist, man kann viel darüber wissen aber es einem Kind zu sagen, ist immer schwer. Jeder muss seine eigenen Erfahrungen sammeln. Man muss den

Tod und das „Warum" selbst erst einmal verstehen, bevor man es einem Kind erklären kann.

Schlussfolgerung

Bei der Bearbeitung des Themas ist mir aufgefallen, dass es schwer ist, einem Kind zu erklären, warum ein geliebter Mensch oder ein geliebtes Tier nicht mehr ist. Jeder sollte für sich selbst entscheiden, wann und wie er es einem Kind erklärt, dass jemand gestorben ist. Wichtig ist hier auch, dass man beachten sollte wie das Kind ist, ob es sensible ist oder nicht. Es ist schwer DIE richtige Antwort zu finden. Eine richtige Erklärung zu finden, wie man einem Kind den Tod erklärt. Ich fand es aber interessant, wie die verschiedenen Religionen zum Thema Tod und das Leben danach stehen. Ich habe mich vorher noch nie so intensiv damit beschäftigt. Aber gerade in meiner Berufswahl als Erzieherin denke ich, hilft es mir, zu wissen, wie verschiedene Religionen zum Thema Tod stehen.

Ich bin in meiner Facharbeit auf das Thema Tod eingegangen, weil ich der Meinung bin, das die für ein Kind ein einschneidendes Erlebnis ist. Zum Abschied gehört aber auch, wenn geliebte Menschen umziehen. Durch den Umzug, sehen die Kinder die Menschen nicht mehr so oft. Auch dies kann für die Kinder schwer sein. Aber ich finde, das ist nicht ganz so schlimm, weil man denjenigen sehen kann oder hören. Einen Verstorbenen allerdings nicht mehr. Und das ist das eigentlich schwierige.

Ich habe mich bei meiner Facharbeit für einen Fließtext entschieden, weil ich der Meinung bin, das so besser die Verbindungen und Zusammengehörigkeit der einzelnen Themen deutlich wird. Mir ist zwar bewusst, dass Teilüberschriften meiner Facharbeit eine Struktur gegeben hätte, aber ich habe diese in meinem Fließtext schlüssig ohne Teilüberschriften eingebaut.

Anhang:

Kinderbücher zum Thema Tod und Trauer:

4

In dem Buch wird dem Kind deutlich gemacht, dass der Tod zu Leben gehört und wie die Trauer überwunden werden kann.

Kino lebt mit seiner Familie am Hang eines Berges, sein Vater ist ein Bauer. Jiva lebt mit seiner Familie am Strand, sein Vater ist Fischer.

Die beiden Kinder gehen oft gemeinsam schwimmen, sie schwimmen immer zu einer Nachbarinsel, diese gehört einem alten Mann. Kino möchte gern auf der Insel übernachten aber Jiva möchte nicht, er hat Angst vor dem Meergott, der sie durch eine große Welle in Gefahr bringen kann.

Doch eines Tages, als unter dem Meer ein Vulkan ausbricht, entsteht daraus eine riesen Welle, die auf den Strand und das Dorf zu rast.

Die meisten Einwohner flüchten in das Schloss des alten Herren, weil dieses am Berg liegt. Jiva wird von seinen Eltern dorthin geschickt. Doch Jiva geht zu Kino, weil

---

4 http://www.bilandia.de/images/cover/161/16190075N.jpg (11.01.2011)

das Haus seiner Eltern in der Nähe des Berges liegt. Von dort aus sieht Jiva wie die Welle alles was sich am Strand befindet zerstört. Jiva´s Eltern überlebten dieses Unglück nicht. Kinos Familie nahm Jiva als neuen Sohn auf.

Nach vielen Jahren sind Jiva und Kino zu Männern heran gewachsen. Das Unglück scheint vergessen, doch in wie weit kann Jiva alles vergessen und als Fischer ein neues Leben beginnen? [5]

6

Gerade in der eigenen Trauer fällt es Erwachsenen schwer, Kindern den Tod zu erklären. In diesem Buch kommen viele Fragen auf aber es werden auch viele Antworten gegeben.

Jori´s Mutter erzählt ihr, dass Opa für immer eingeschlafen sei. Jori hat viele Fragen. Die Oma erzählt ihm, das der Opa im Himmel sein. Die Oma weinte, Jori versteht nicht warum sie weint, der Himmel ist doch schön. Die Tante erzählte ihr, dass Opa beim lieben Gott sei. Jori weiß, dass der liebe Gott in der Kirche ist. Er geht schauen, doch der Opa ist auch hier nicht. Jori wundert sich, die Tante lügt doch sonst nie.

In einem Traum begegnet Jori seinem Großvater im Garten. Der Garten sieht mittlerweile verwahrlost aus. Jori nimmt sich den Garten an. Durch die Arbeit im Garten fühlt er sich seinem Großvater nahe.

---

[5] Vgl. http://www.kinderbuch-couch.de/buck-pearl-s-die-grosse-welle.html (11.01.2010)

[6] http://images.buch.de/images-adb/e6/6a/e66ae5d6-2637-4705-93cd-ac6dd5356bb1.jpg (11.01.2010)

Als er auf einer Bank saß, kam eine Hummel und setzte sich bei ihm auf den Arm, hier meinte Jori: „Opa, ich kann Hummeln zähmen."[7]

[8]

Julian und Grete können es nicht fassen, das ihre Oma Lotte Tod ist. Sie wollen die Oma von ihrer Wolke herunter holen, dafür machen sie viele schreckliche Dinge und benehmen sich daneben. Sie hoffen, dass die Oma sind so sehr ärgert, das sie wieder herunter kommt und bei ihnen ist. Oma Lotte ist zusammen mit Engel Gustav der Siebte im Zwischenhimmel, sie schaut mit Sehnsucht und Bedenken auf ihre Leiben herab. Sie kann aber nicht eingreifen, sie ist nur noch Zuschauerin.
Die Geschwister leben zusammen mit ihrer Mutter, der Vater ist schon vor vier Jahren verstorben. Die Erinnerungen an den Vater sind nur noch blass. Die Oma wohnte mit bei der Familie. Die Mutter und die Kinder trauern um die Oma. Dem neuen Freund der Mutter geben die Kinder keine Chance. Julian baut eine Mauer um sich herum auf, die nur seine Schwester durch dringen kann.

---

[7] Vgl. http://www.kinderbuch-couch.de/feth-monika-opa-ich-kann-hummeln-zaehmen.html (11.01.2010)

[8] http://static.letsbuyit.com/filer/images/de/products/original/118/74/der-himmel-soll-warten-11874348.jpeg (11.01.2010)

Die Geschwister fangen an, ihren Plan in die Tat um zusetzten. Sie machen nur noch schlimme Dinge, um die Oma wieder zurück zu holen. Die Erwachsenen fangen an mit den Kindern zu verzweifeln. Die Oma hält sich immer noch im Zwischenhimmel auf. Der Engel Gustav der Siebte soll die Oma in den Himmel geleiten doch die Oma weigert sich. Sie fühlt, dass sie noch nicht in den Himmel gehen kann. Die Kinder merken, dass es keinen Spaß mehr macht unartig zu sein.

Als die Geschwister eines Abends einschlafen, träumt sie von der Oma, die sie beide küsst. Diesen Traum hat der Engel Gustav den Kindern geschickt. Die Kinder glauben nun, dass die Oma noch ganz in der Nähe ist. Sie denken, dass es eine Möglichkeit gibt, die Oma wieder zu sehen, Julian muss sterben. Als Grete bemerkt, dass sich ihr Bruder in Lebensgefahr befindet, wendet sie sich an den neuen Freund der Mutter. [9]

10

Ester, der Ich Erzähler (ein kleiner Junge) und ihr kleiner Bruder Putte machen aus einem traurigen Umstand ein Kinderspiel. Aus einer spontanen Idee entsteht ein Bestattungsunternehmen, welches die besten Beerdigungen der Welt anbietet.

---

[9] Vgl. http://www.kinderbuch-couch.de/henkel-katja-der-himmel-soll-warten.html (11.01.2010)

[10] http://www.aleki.uni-koeln.de/lesebar/bilder/gr/die_besten_beerdigungen_der_welt.jpg (11.01.2011)

Ester und der Ich Erzähler langweilen sich an einem Sommertag, da findet Ester eine tote Hummel, sie beschließt diese zu begraben. Ester greift nach dem Spaten und nimmt eine Zigarrenkiste um die Hummel zu beerdigen. Der kleine Junge dichtet ein paar Zeilen für die Hummel. Ester, Putte und der Junge suchen nach toten Tieren um diese zu beerdigen. Beim Fund der toten Fledermaus, müssen sie Putte die Sache mit dem Tod erklären. Doch dieser versteht das alles noch nicht so richtig. Sie fertigen ein Kreuz an, heben das Grab aus und schmücken dieses.

Jedes der Kinder hat seine eigene Aufgabe Ester hebt das Grab aus, der Junge sorgt für den passenden Gesang und Putte weint.

Nuffe der Hamster kommt in den Genuss einer würdigen Trauerfeier. Putte macht das Bemalen der Grabsteine am meisten Spaß. Für Putte ist der Tod noch nicht fassbar. Er ist der Meinung, wenn es dem Hamster besser gehen würde, könnte er wieder ausgegraben werden. [11]

---

[11] Vgl. http://www.kinderbuch-couch.de/nilsson-ulf-die-besten-beerdigungen-der-welt.html (11.01.2010)

16

Quellenverzeichnis

1.) http://www.familienleben.ch/images/stories/artikel-
bilder/familienbande/todundtrauer/kindern_trauer_und_tod_2_300x200.png
(05.01.2011)

2.) http://www.kindertrauer.info/Kinder-und-
Jugendliche/files/Bild%20Seite%20Kinder%202.jpg (04.01.2011)

3.) Vgl. http://de.wikipedia.org/wiki/Trauer (06.11.2011)

4.) Vgl. http://www.lacrima-muenchen.de/service-
wissen/hintergrundwissen/todeskonzepte-bei-kindern.html (04.11.2011)

5.) Vgl. http://www.leben-tod.de/leben_nach_dem_tod.html (06.01.2011)

6.) http://www.bilandia.de/images/cover/161/16190075N.jpg (11.01.2011)

7.) Vgl. http://www.kinderbuch-couch.de/buck-pearl-s-die-grosse-welle.html
(11.01.2010)

8.) http://images.buch.de/images-adb/e6/6a/e66ae5d6-2637-4705-93cd-
ac6dd5356bb1.jpg (11.01.2010)

9.) Vgl. http://www.kinderbuch-couch.de/feth-monika-opa-ich-kann-hummeln-
zaehmen.html (11.01.2010)

10.)   http://static.letsbuyit.com/filer/images/de/products/original/118/74/der-himmel-
soll-warten-11874348.jpeg (11.01.2010)

11.)   Vgl. http://www.kinderbuch-couch.de/henkel-katja-der-himmel-soll-warten.html
(11.01.2010)

12.)   http://www.aleki.uni-
koeln.de/lesebar/bilder/gr/die_besten_beerdigungen_der_welt.jpg (11.01.2011)

13.)   Vgl. http://www.kinderbuch-couch.de/nilsson-ulf-die-besten-beerdigungen-der-
welt.html (11.01.2010)

Ich habe mich an meine Kindheit zurückerinnert und an die Todesfälle, die ich
miterleben musste.